산책의 곁

박지현

서문

9

산문

12~101

소설

102~121

序文

여기, 나의 고독과 몽상 그리고 미완성의 용기로 일구어진 글의 숲이 있다. 셀 수 없는 걸음으로 이 숲을 넘나들며 나는 나만의 나무들을 심었다.

처음 그 나무들은 유독 여름의 부푼 햇빛과 물결을 머금었기에 선연하고 푸르렀다. 이에 나는 몇 차례에 걸쳐 나무들을 약간 베어 냈다. 비로소 여백이 드리워졌다. 베어지지 않은 줄기는 길고 푸르게 자라났고, 베어진 줄기는 잎들을 토해 내더니 침묵한 채 차츰 갈색으로 물들었다. 그리고 그것은 내면의 겨울을 지나고 나서야 어렴풋한 조화를 이루더니, 마침내 나를 진정한 산책의 곁으로 인도한다.

지난 어둠들, 웅크려 있던 고통, 멀리 뜬 별들, 흩어져 있던 결의가 새로운 나뭇가지들 사이로 스며든다. 일렁이는 녹음에 에워싸여 빛을 발한다. 나는 이제 이 곳을 드나들 낯선 그림자들을 기다리나니, 우거진 희푸른 숲속으로 함께 나아갈 시간을 헤아린다.

1

 낮에는 일을 하고 밤에는 글을 읊고 있다. 이 몰입은 특히 월요일에 편중되어 있다. 한 주를 여는 월요일만큼 견디고 겨뤄 가는 날은 없다. 그런데 문득 그것이 아쉬워질 만큼 의젓한 꿈의 나무가 되면서, 다른 날들도 월요일에 내가 깨닫고 있는 무언가로 물들이고 싶었다. 한 그루의 고목이 풀밭의 그늘을 다 이루는 것처럼 나의 존재와 시간도 부풀리고 싶어진 모양인가 보다. 그래서 나날이 아침 풍경을 채워 가고 있다. 더 일찍 눈을 뜨고, 더 길게 걷는다. 어렴풋이 그려 넣었던 무늬가 제법 선명해지고 있다.

 어느 날에는 새로운 초록빛 책을 들고 새벽 기운이 남아 있던 공원에 갔다. 그곳에서 움직이는 이는 나만이 아니었다. 나는 나 외의 모든 것을 찬찬히 돌아보며, 그 하루간 삼중에 지니고 있을 만한 장면들을 꿰찼다. 낙엽과 날개, 거리를 책임지는 사람과 그 위를 산책하는 새, 앉아서 사색하는 사람과 서서 모색하는 새. 그런 방식으로 나는 나의 마음을 흔들어놓는 여러 모습들을 조응하며 그 하루를 열었다.

잔잔한 파도처럼 너울거리는 풀밭을 지나, 아침의 길가를 천천히 걸었다. 이윽고 회색빛 도로 옆에서 또다시 나아가는 하루를 마주했다. 분주하게 움직이는 모든 걸음들과 웅성대는 그을음 속에서 나는 고요히 움직였다. 그저 풀잎들 사이를 스쳐가는 바람 소리처럼.

2

 무릇 가을은 어떤 열매를 맺기도 하면서, 어떤 잎들을 떨어뜨리기도 하는 공재의 계절이다. 내게 가을이란 좋아하는 겨울을 기다리는 항구와도 같지만, 계속해서 머물러 있고 싶은 섬이기도 하다. 채워지는 동시에 비워 낼 줄 아는 이 계절은 바로 그런 힘이 있다.

 어떤 하루의 낮, 사랑하는 이들과 함께 어느 고즈넉한 사찰의 경내를 거닐었다. 산굽이에 있지 않고 들판과 연못과 나란히 존재하는 절은 자신의 가을빛을 숨김없이 드러내고 있었다. 그럼에도 소란스럽지 않고 조용한 확신으로 가득해 보였다. 가벼운 바람이 불어도 풍경 소리는 무겁게 울려 퍼지고 있었다.

 우리는 가을로 물든 산에서 그곳의 풍경과 고요히 어우러지는 시간을 보냈다. 산사의 침묵 속을 누비며 익어가는 가을의 수런거림을 탐색했고, 그 수런거림을 통해 물과 뭍을 오르내리며 하나하나의 영상이 되어 갔다. 가을 산중에서 그런 물결을 만나면 낙엽들의 속삭임까지 더해져, 덩달아 내 사색의 그늘도 짙어진다. 함께 온 이들을 잠시간 잊을 만큼 나는 물가에 우두커니 서 있다.

3

 잿빛 바다는 아름답다. 눈부시지 않은 검푸른 풍경은 마음의 눈을 깊이 뜨게 하고, 새들의 날개를 더 희어 보이게 한다. 청청한 바다의 푸른빛에서는 알지 못한다. 태양이 얼마나 투명한 광휘를 가졌는지, 절망 속에서 어떤 비장한 마음이 피어오를 수 있는지도.

 여전히 깊고 짙은 심연을 사랑한다. 그 속에서 나는 허우적대고 헤매어 본다. 그리고는 자랑한다. 헤맨 만큼 헤아려 낸 여유로움을, 얼마든지 가라앉을 줄 아는 용기를 말이다. 침묵은 소요(騷擾) 이후에 존재감을 과시하고, 저녁을 버틴 풀들만이 더욱 환한 아침을 머금기에.

4

 어느 고미술품점에서 나비 표본을 하나 샀다. 깊고 깊은 숲속에서 나뭇잎이 아닌 조가비를 주워 온 것 같았다. 더 이상 움직임이 없는 이 존재는 마치 헤세의 시 「파란 나비」에서 반짝이고 퍼덕이다 사라졌던 몸빛이 잠들어 있는 듯 신비롭다. 그러나 한편으로는 서글프게 느껴지기도 한다.

 여덟 살 때, 흰나비와 노랑나비를 키운 적이 있다. 그들은 알에서 깨어나 내가 주는 잎들을 나무만큼 갉아먹고 아름답게 자랐다. 나는 그 시절의 유행대로 한 마리는 박제했고, 한 마리는 날려 보냈다. 지금 와서는 나의 어떤 모습이 더 사랑이었을까 생각하게 된다. 그리고 약간의 어릿함으로 누군가 가둔 이 날개를 간직하려 한다.

 그러나 박제된 나비를 바라볼 때마다 문득 나비가 나를 원망하지 않을까 그런 상상도 든다. 날아

다닐 수 있는 자유와 생명력을 잃고 유리 액자 안에 갇혀버린 나비에게 서려 있을 슬픔을 진지하기 헤아려 보았다. 영원히 멈춰 있을 그 눈동자에 시선이 머물러 있던 나는 어느새 두 눈을 감고 말았다. 더는 그 슬픔을 뒤덮을 기쁨이란 조금도 남아 있지 않다는 것을 금세 깨닫고 만 것이다.

5

 늦가을 어느 낮에는 오랜 세월 눈에 익은 소성당에 갔다. 나는 우두커니 그곳 풍경의 한 표리를 이루고 있었다. 이름을 알 수 없는 나무들은 고개를 숙이고 있었고, 대문 너머 북적이는 사람들의 말소리는 바람이 잠재워 주었다. 나는 방금 낙엽이 된 잎들을 보며 이제 땅에도 노을이 지겠구나 생각했고, 덩달아 침묵의 결말을 내기 위해 몸을 돌렸다. 그 무렵 온후해 보이는 수녀님이 아직은 끝이 아니라는 듯 성당 문을 열어 주셨다. 한 걸음 한 걸음 나아갈수록 머릿속에는 최초의 영상들이 입혀졌다. 빛없는 빛, 각색의 관조, 반영의 드나듦, 이 모든 가운데 영원히 부재할 것만 같은 어둠. 잠시간의 머무름 속에서도 일순간 고요하고 고르게 된 숨을 느꼈다.

6

나는 스스로 소외되기를 자처하는 습성이 있다. 자취를 잃은 옛 터, 볕과 대조를 이루는 그늘, 벼랑 끝에 비스듬히 서 있는 나무, 희미하고 서늘하고 적요한 은둔지야말로 내가 은거할 만한 곳들이다. 이에 근거하여 내가 편애하는 경희궁(慶熙宮). 대부분이 소실되거나 분해된, 가는 숨으로 길게 죽어 가는 서궐을 나는 애통해한다.

그 안에 무겁게 걸음을 내려뜨린다. 흥화문을 지나서 숭정문을 넘는다. 한눈에 들어올 만큼 적고 협소한 전각과 첩첩하고 가파른 비탈을 오르노라면 알맞게 목이 메인다. 옅어져 가는 새벽안개와 나는 나란히 미지근한 숨을 내쉬며 이른 아침 위로 가느다란 존재감을 실각한다.

가장 안쪽에 있는 태령전 근처에 서암(瑞巖)이 있다. 상서로운 바위라. 과연 명명한 대로 여전히 무르지 않은 기개를 지녔다. 작지만 초연한 물길을 따라 거닐며 내 가슴속에 너울대는 수심을 잠잠히 둔다. 그리고 나서는 옛 암천 곁에 앉아 옛 궁궐 그림이 그려져 있는 얇은 책 한 권을 마저 다 읽는다. 잠시간 나는 사라진 시대 속을 누빌 수 있다.

   그 무렵 아침이 마저 눈을 뜨니 이내 나는 물러갈 채비를 한다. 이제까지 왔던 길을 되돌아 나간다. 창창한 자연을 지나, 부러지지 않는 역사를 지나, 담회색의 도심 속으로.

7

　여름의 한가운데서도 한적한 겨울을 상상하며, 하얀 열기에 휩싸인 채 검고 조용한 폐원을 산책한다. 가상의 걸음을 걷고 나면 자연스레 책들의 바다로 향한다. 종이처럼 바스락거리는 흰색의 연안에는 글자라는 다양하고 검은 모래알들이 반짝거린다. 책을 읽을 때는 마치 닻을 내리듯 페이지의 한 귀퉁이를 접는다. 책장을 넘길 때마다 이는 바람을 의식하며, 장장이 마음 속에 안개를 그려 나간다. 잠시간 외출에도 책 한 권을 품에 지니고 있고, 한 권의 책을 그 날 하루의 표식으로 삼는다.

　이토록 보편하지 못한 나의 마음은 단조한 풍경, 단조한 하루를 맞이할수록 거세어져 나는 잠연히 서성인다. 그럼에도 꿋꿋이 한 권의 책을 읽고 한 편의 글을 쓴다. 그렇게 비를 지나고 눈을 지나오면 어느덧 내게는 미로의 지도가 갖춰져 있다. 모든 색을 거쳐 낸 무채색의 투지로 칠해져 있는 그런 것이.

여름이 저물고 있다. 나는 여전히 걷기를 게을리하지 않으면서도, 때때로 남은 더위의 뒤편에서 웅크려 지낸다. 장 그르니에의 표현대로, 나는 이제껏 정돈되어 있으면서도 고독하다.

그러나 이 양가적인 감정 덕분에 도리어 안분하다. 나의 돛은 바람을 견디기도 하지만, 바람과 겨룰 수도 있다. 미로를 헤맨 만큼 새로운 지도를 그려 낸다. 이 마음의 흐름을 타고 노를 저어 간다.

8

  매화는 사군자 중 하나일 뿐만 아니라 글을 좋아하는 나무라 하여 호문목(好文木)이라고도 불리운다. 나는 그런 매화를 무척 사랑하나, 단연 으뜸으로 꼽는 것은 매실이다. 매화가 탈속(脫俗)의 기개를 지녔다면, 매실은 실속이 있다. 피로를 풀어 주고 번갈을 멎게 하는 효능을 가진 매실은 불볕을 앓는 내게 탁월한 식재료이기도 하다. 특히 매실 절임은 매 끼니마다 밥과 국 그리고 채소 요리에 곁들여 먹을 만큼 활용도가 높고 맛도 훌륭하다.

  망종(芒種)에 가까워지면 나는 꼭 경기전에 가서 와룡매의 그림자를 쓰다듬는다. 누워서도 녹음을 반듯이 빗어 넘긴 고목의 지조. 그것을 흠앙하며 그 곁을 지킨다. 호젓한 즐거움으로 그 풍경의 가장자리를 지키다 보면, 단단한 녹빛으로 흐드러진 매실들이 나의 시선을 이끈다. 시간이 천천히 흐르길 바라며 나는 계속해서 그 곁에서 느긋하게 자리한다. 여름의 초입에 알맞게 맺혀 자신이 머문 풍경을 다채롭게 하고, 근처를 오고 가는 이들의 감정과 경험을 조화롭게 만들어주는 이 열매는 참으로 고결하고 평온한 자태를 가졌구나 내내 생각하면서.

9

　먼지가 안개처럼 일던 날, 그리웠던 장소에 갔다. 그간의 작은 꿈이 하루종일 박물관에 고립해 있는 것이었으므로, 나는 번번이 감격하며 셀 수 없는 생각을 펼쳐 나갔다. 그리고 자주 직립하여 골똘히 들여다보았다. 작은 조각들을 이어 붙여 이룬 옛 시대의 유산을, 천 년 이상의 자주적인 역사를, 장엄한 미지의 기류를. 자욱했던 하루, 한 곳에 조용히 머물며 펼쳐 가는 응시와 상상만으로도 그 하루에는 기나긴 시간을 오르내리는 듯한 감동이 있었다.

　옛 그림들과 그림 속 선인들의 글을 읽고 익혔던 시간. 잠시 동안 동시대에 머무는 몽상으로 저 너머 어딘가에 나를 드리웠다. 사라진 세월의 산을 오르고 영원히 닫힌 문을 드나들었다.

　소싯적 내 거창했던 꿈은 고고학자가 되어 고대의 유물들을 발굴하는 것이었다. 시시로 그 이름 넉

자를 발음하며 고원한 이상을 품었다. 그리고 그것은 여전히 내 안에 있다. 부수지 않는 꿈이다. 각별한 불가능이다. 무릇 꿈은 꽃잎과도 같아서 접혀 있어도 한 떨기 빛이 난다. 나는 그 마른 꽃 향기를 조금씩 헤아리며 사는 것이다.

10

 마음에 있는 말조차 하지 않고, 잊어도 되는 기억을 한다. 달려야 할 때 도리어 걷고, 깊은숨을 몰아서 쉰다. 무한한 사색을 하고, 잇대어 유유히 산책을 한다. 보라. 거품을 꺼트리기 위해서는 헤엄을 쳐야 한대도, 질주하려는 야망이 내게는 없다. 그저 조용히 살다 자연히 죽고 싶다. 이렇듯 난 가장자리에 서 있기를 좋아하는 사람. 하지만 분명 이 둘레의 가운데는 심연이다. 언젠가는 그 속에 잠겨야 한다. 그러니 못가에서 조금만 더 오래 버티고 싶다. 훗날 이야기하겠다. 긴 고요 속에서 깨어난 내 걸음 아래 거대한 뿌리가 잠들어 있었노라고. 낙엽으로 웅크려 있었지만 나는 고목의 존재였다고.

11

  '산책'을 낱낱이 흐트러뜨려 '책 속'이라 일컫는다. 새롭게 이름한 나만의 숲에서 오직 나만이 내딛을 수 있는 걸음은 얇은 감촉과 작은 바람 소리를 가졌다.

  '낮'이 전복된 시간에 '잔'을 두고, 마치 그것이 끝을 향해 퍼져 나가는 하루의 물결인 양 몽상한다. 이윽고 마음의 뜨락에 만들어진 연못. 한 사람의 몸이 가라앉아도 될 만큼 가득해진 그 안에 잠겨 다음 날이 떠오를 때까지 유영하며 심호흡한다. 밤의 포말이 일수록 물풀들의 키가 자라고, 그렇게 뒤덮인 검푸른 어스름 위로 새로운 햇빛이 번져 온다.

12

 낡은 어선을 고치고 있다. 아무도 노를 젓지 않아 바다를 잊어 가던 이 한 척의 편주는 어느 산자락에 좌초해 있었다. 나는 하루도 거르지 않고 배 안팎을 꼼꼼하게 쓸고 닦았다. 해묵은 먼지 더미와 이름 모르는 벌레들이 쏟아져 나올 때마다 울상이 되기도 했지만, 여름을 이유 삼으며 묵묵히 내 존재감을 채워 넣었다. 언덕을 얼마나 넘어야 산등성이를 이룰 수 있는지 궁금해했다. 무엇보다도 내가 찾은 이 나뭇결과 모래톱을 포기할 수 없었다.

 그렇게 열흘. 나의 흰 돛을 단 소선은 무사히 순항 중이다. 새로운 색을 띠게 된 갑판 위를 걷노라면 저녁에 드는 고독의 밀물도 결국 두렵지 않다. 나의 항해는 기나긴 밤에도 표류하지 않고 꿋꿋이 고정되어 있다. 나는 프루스트의 어느 시구를 뱃머리에 새겨 두었다.

'지상의 행로에 지치거나 앞으로의 길이 얼마나 험난할지를 예견하는 사람은 이런 막연한 바닷길에 매료될 것이다. 바다의 길은 위험할수록 더욱 달콤하며, 어렴풋하고 황량하다.'*

그 집은 하루에도 수 겹의 살갗이 떨어져 나가는 백발의 노인과도 같았다. 나는 꾸미지 않은 노신사를 대하듯 매일 같이 그 집의 잔해를 쓸고 닦았다. 잘 다린 천과 카펫으로 말쑥이 차려 입혔고, 아끼는 시계와 그림도 빌려 주었다.

풀숲 근처에 사는 노인은 눈물이 많아서 나는 우는 노인을 달래기 위해 자주 바람을 나르고 빛을 움직여야 했는데, 그럴 때마다 노인은 바닷가에 우뚝 선 등대처럼 보였다. 동시에 노인은 한 척의 작은 배와도 같았다. 너울이 이듯 비가 오면 선체는 삐걱대는 소리를 냈고, 돛이 수수러지듯 창은 흔들렸다.

---

*
마르셀 프루스트, 이건수 옮김, 『시간의 빛깔을 한 몽상』, (민음사, 2019), 179쪽.

비가 멎으면 그제서야 모래톱에 몸을 기대어 평온을 되찾았던 노인. 그 모습에 덩달아 나도 숨을 돌리며 닻을 고정시켰고, 잠든 노인에게 책을 읽어주거나 곁을 빠져나가 산책을 했다. 가까운 해변을 거닐면 조가비를, 먼 산을 오르면 낙엽을 주워 모았다.

한 해가 넘도록 노인을 지켰다. 항해도 끝이 났다. 나는 다른 이들에게 노를 넘겨주었고, 뱃짐을 옮겨 내가 있어야 할 곳에 새롭게 정박해 있다. 지금 노인은 무슨 옷을 입고 있을까? 또 어떤 표정을 짓고 있을까? 자못 그것이 궁금하기도 하나 영영 모른 채 다음 흐름을 향해 나아가기로 한다. 한데 흘렀던 물결, 꾸었던 꿈결은 이미 내 삶을 풍부하게 하였으므로.

13

 오전 여덟 시. 나뭇잎들은 창가를 드나들며 저마다의 그림자를 드리우고, 덩달아 새소리도 풍요롭다. 창밖으로는 새벽녘 안갯속에 감춰져 있던 산이 드러나기 시작하니, 고요한 이 공간에도 낮의 생기가 천천히 스며든다. 책장 사이로 이른 불빛과 잔잔한 미풍이 오가니 내게로 책의 향기가 나직이 울려 퍼진다.

 아침의 도서관에 나를 수놓으며 고단했던 일상의 무게를 잠시간 떨쳐내고, 평온을 되찾아 자아를 탐구한다. 깊게 패인 일상의 무늬 위로 무언가를 새롭게 그려 넣는 일은 이토록 생경한 풍경을 마주하고 이해하면서 낯선 나를 만들어가는 것이다.

14

 바람이 불고 나무는 흔들리면서도 정작 시간은 흐르지 않는 듯한 향교의 풍경을 좋아한다. 그런데 그날의 향교는 곳곳마다 시간이 흘렀다. 유독 우거진 봄날이었다. 바람을 가르는 노랫소리, 나무 아래서서 이야기하는 사람들, 흩날리는 꽃잎들, 시시로 외출을 나서는 새들. 나는 익숙지 않은 시간의 흐름에, 그 모든 순간의 음조와 향기에 반감이 일어 저항하듯 침묵으로 대치했다. 왠지 이방인이 된 듯했다. 이내 다듬어지지 않은 걸음으로 마치 바깥을 끌어당기듯 나는 그곳을 빠져나왔다.

 산책의 마지막 즈음 닿는 단어의 초원에서 잠시 마음을 누이기도 했지만, 위안되지 않았다. 이상하리만큼 고장난 산책이었다.

15

 고목의 색들과 빛으로 우거진 백일몽. 내가 사는 예향의 구시가지 어느 흰색 건물 2층에 있는 카페다. 이 공간을 드나든 지도 어언 5년이 되어간다. 백일몽에서 나는 나만의 몽상과 사색으로 그늘져 있다. 이름된 꿈결에서 내게 주어진 몸과 마음의 양식들로 알맞게 고독하고 열중한다. 이곳에서 순간순간마다 떠올렸던 단어들로 문장을 짓고, 그 문장들로 문단을 이루고, 또 그 문단들을 꿰어 한 낱의 장(張)을 만들어 낼 만큼 도독한 기억의 여로를 지나왔다. 처음 그 갈색의 둥근 의자에 뒷모습을 고정시켰을 때부터 이내 수차례의 굴절을 겪으며, 그렇게 고요하고도 맹렬히.

 자주 찾는 자리에서 차분히 가라앉아 한쪽 눈을 감은 채, 서서 잠을 청하는 새를 생각한다. 자존하기 위해 자유를 적절히 잃는 용기를, 그 단단한 마음의 모이를 읊조려 본다. 그렇게 나는 책을 몇 장

더 읽는 것보다 즐거운 깨달음을 얻는다. 동시에 주어진 잔과 그릇을 비우며, 분명 비웠지만 채워진 듯한 미묘한 함의를 되새긴다.

보이지 않는 것을 보이게끔 하는 것이 단어가 가진 또 다른 소명이라고 생각한다. 그 소명은 이상을 현실로 만들어주는 힘을 가졌다. 그런 힘이 있는 단어들 중, 내가 자주 고르고 새기는 단어가 있다면 그것은 몽상이다. 그래서 이 단어를 이름의 끝에 갖춘 장소에서 나는 마음껏 해방된다. 이곳에 머무르는 동안 어둠 없이도 꿈을 꿀 수 있고, 지금 너머의 존재에 전념해도 우미하지 않다.

때때로 이곳은 잔잔하면서도 조금씩 물보라가 이는 백사장과도 같다. 그 수평선 어디쯤에서 나는 유유히 항해하고 있는 것이다. 부연했던 마음이 일순간 투명해지고, 높이 솟아 있던 숨은 오목해진다. 덩달아 복잡했던 생각들도 한 잎 두 잎 흩날리며 단순해진다. 다음 바람이 불어올 때까지 그저 앉아 있다.

그날그날 내게 주어진 시간 동안 끝끝내 영원할 것만 같은 침묵을 머금은 채, 꼿꼿한 자세로 나만의 깊고 긴 수행을 떠난다. 일상적인 장소에서 이와 같은 휴식과 명상을 꾀할 수 있는가? 백일몽에서는 가능하다. 각별한 단어, 각별한 장소, 그리고 그 어떤 존재보다도 각별한 나 자신이 한데 모여 있으니.

16

 나는 고서 읽기를 아주 좋아하면서도 시중에 판매되고 있는 도서를 사들이는 것만큼 즉각 행동으로 옮기지는 않는다. 우선 내가 알 수 없는 시간이 밀려드는 게 이상히 괴롭다. 그다음으로는 한 권 한 권에 걸쳐 최초의 독자가 내가 아니라는 사실이 슬프다. 그리고 무엇보다도 이 낡은 글의 그릇들이 또 한 번 내 곁에서 긴 세월을 도모하도록 관리해야 하는 일이 번거롭다.

 그러나 이토록 머뭇거리면서도 나는 옛 책들을 모은다. '흰 죽음을 지나 다시 나무의 색을 띠는 책장, 곳곳의 글과 글을 가로지르던 누군가의 궤적. 그 어디에도 없는 이 유일한 결합을 물려받은 나는 이 순간 얼마나 행운아인가!' 생각하며.

 지금 내가 소장하고 있는 고서들은 나에게 시간의 흐름을 감각하게 한다. 그것들은 과거의 숨결로써 현재를 고요히 음미하듯 존재한다. 각각의 책장은 시간을 거슬러 새로운 공간을 여는 열쇠와도 같다. 나는 그 열쇠로 미지를 오가는 문을 연다.

17

 알베르 카뮈의 『여행 일기』는 카뮈가 거닌 미지의 영역이자 틈틈이 새긴 미완성의 글이다. 그것만으로 『여행 일기』를 간직할 이유는 충분한데, 나는 무엇보다도 이 책 속 세 번째 문장 때문에 더욱 그렇다고 말하고 싶다. 여름 내내 용기를 내고 싶을 때마다 발음하곤 하는 육 어절의 문장은 다음과 같다.

 '모든 출발에 따르는 가벼운 불안이 지나갔다.'*

 연일 이어지는 장맛비는 물기 녹녹한 독서를 가능케 하고, 고요로운 일상을 재해석한다. 호우가 이어지는 동안 나는 어느 수변의 카페에 앉아 칠팔월에 쓰여진 푸르른 카뮈의 기행을 읽는다.

 책장을 넘길 때마다 가볍게 이는 미풍이 그간의 노여움을 녹여 준다. 이에 덧붙여 난 여러 개의 얼음을 깨어 먹음으로써, 열 오른 여름에 나만의 겨울을 밀어넣는다. 마치 약간의 무아경을 누리는 것과도 같다. 더웠던 입김이 금세 식고 지금이 여름인지 겨울인지 헤아리기 어려울 만큼 선선하다 느껴질 무렵 이윽고 나는 카뮈와 함께 일편의 가을에 이르러 있다.

*
알베르 카뮈, 김화영 옮김, 『여행 일기』, (책세상, 2005), 17쪽

18

　　백자란 무엇인가. 내가 갖고 있는 『조선 백자』*
라는 책에 따르면 백자란 백토로 그릇의 형태를 만
들고 그 표면에 여러 가지 장식을 한 다음 투명한
백색 유약을 입혀 구워 낸 도자기를 말한다.

　　설백색, 유백색, 청백색, 회백색 등의 다양한 빛
을 머금은 백색 바탕에 옛 왕국의 산과 구름, 나무
와 새, 사군자, 물고기, 그리고 상상의 용들이 시문
되어 있다. 고려청자가 여름의 군자라면 조선 백자
는 겨울의 은자인 듯, 고적히 지내는 가운데서도 단
정한 몸가짐을 잊지 않는 그런 기개를 지녔다.

　　가히 물과 불, 흙으로 조형된 순백의 생령이라.
무수한 손길을 통과하여 비로소 자신만의 숨결을
갖춘 이 하나의 샘에 여러 명의 내가 투신해 있다.
대개는 이름 모를 예인의 심연, 그리고 그가 목격했
을 자연의 표상이 새겨진 우물 속으로 얼마나 많은

마음의 돌을 던졌던가.

*
김영원 『조선 백자』, (대원사, 2011), 6쪽.

19

비안개가 겹겹으로 쌓여 있는 유적한 풀숲 속을 걸었다. 나는 사뭇 바다 위 외딴섬처럼 적막한 고립과 우수로 우뚝 서기도 하고, 파도를 부수는 바위처럼 빗길과 다투기도 했다.

부연이 이는 물보라는 산 근처를 너른 해원인 듯 보이도록 은은히 휘감았다. 그 위를 미끄러지듯 나아가며 뱃고동처럼 울려 퍼지는 새들의 지저귐은 나무 근처에 정박해 있었다. 이에 나는 코와 입에 걸치고 있던 흰 장막을 거두고 원하는 만큼 호흡했다. 그러자 축축한 물기가 배어 있던 몸에서 마치 비늘이 솟아나는 것 같은 환영을 보았다. 자연이 내게 무언가를 선사하기 위해 새로운 마음을 불어넣는 모양이었다. 그러나 나는 고개를 가로저으며 사양했다. 내가 누구인지, 어디로 가야 하는지 잘 알고 있었기에.

눈을 감아도 낮이 배어드는 억지스러운 이 어둠 속에서 때 아닌 비를 맞는다. 반듯이 내달려 동그랗게 몸을 찧는 빗방울들, 그리고 촉촉이 울려 퍼지는 어떤 바람의 비명과 나무의 숨소리까지 여직 나를 사로잡고 있다.

이미 지나간 날씨, 순간순간 사라져 가는 기억 속 풍경들, 그리고 그것을 붙잡고 있는 이 복잡한 열정. 나는 그런 무용함에 나날이 도취되어 있다. 혹여 이 걸음이 잘못 내디딘 것은 아닌지 잇따라 돌아보면서도 나는 가기로 한 길을 걷는다. 불확실한 기쁨으로, 이따금 완강한 평정으로.

우기마다 산은 물레의 형상을 띠고 있다. 마치 실을 자아내는 듯 산안개가 자욱하다. 바람은 직공이 된다. 날실로 빗줄기를 늘어뜨리고, 안개는 씨실 삼아 거대한 피륙을 짠다.

누군가에게는 무용할지도 모르는 비의 즉흥곡으로부터 나는 무한한 귀감을 얻는다. 극이 끝난 뒤로도 오랫동안 좌석을 떠나지 않는 관객처럼, 발등까지 흙투성이가 되고 한쪽 어깨가 다 젖어도 이 의미 속에서 한데 우거져 있다.

20

 글을 짓기 위해서는 고독을 이뤄야 하고, 삶과 사랑을 지키기 위해서는 고독을 잃어야 한다. 어느 날부터 나는 내가 만든 시소 한가운데서 어느 한쪽으로도 기울어지지 못한 채 우뚝 서 있다.

 용기를 잃은 내게 알베르 카뮈가 단숨에 써내렸다는 『적지와 왕국』, 그리고 그 속에서 짙어지고 길어져 구별된 『전락』은 거대한 자극을 준다. 읽는 주체는 나임에도 내가 읽혀지는 듯하다. 그중에서도 나는 '요나'라는 인물에 이입한다. 순수했던 환희와 열정으로부터 밀려난 존재, 요나는 내 삶의 반영이 되었다. 그의 회한은 나의 회한과 맞물려 있고, 그의 고독 역시 나의 고독과 맞닿아 있다. 그는 나를 깊이 생각하게 만들었고, 나는 깊게 기울어진 생각 속에서 나의 현실을 발견했다. 시간이 지나도 요나의 이야기는 나를 떠나지 않을 것만 같다. 그의 작은 다락은 내 안의 그늘이 되어 차분한 삶의 빛을 발하게 할 테니.

  그렇게 어느새 정신을 차려 보면 나는 저절로 시소에서 내려와 더 가파른 산을 오르고 있다. 고독은 고독인 채로, 사랑은 사랑인 채로, 새로운 삶을 향해 나아갈지니.

21

 밤을 낮처럼 보내고 잠 대신 산책을 택한 하루였다. 좀처럼 가볍지 못한 걸음을 누이러 달의 누각에 올라섰다. 올라서면 한눈에 보이는 곳이 아닌 그 뒤편에 숨겨져 있는 이름, 그 이름 위에 걸음을 얹었다. 《邀月臺》이곳은 나의 사색과 독서를 일구는 묵언의 세계다. 산의 모서리에 있기도, 강기슭의 꼭대기에 있기도 한 요월대(邀月臺)는 한벽당(寒碧堂)에 가리어 있으나 내 속에서는 앞서 있는 곳이다. 나는 줄곧 한벽당을 지나쳐 요월대에 머물러 왔다. 요월대에서 나는 흩어져 있는 침묵의 피륙과 피륙 사이에 나를 자수한다. 암벽 끝에서 기개를 잃지 않는 요월대의 모습은 언제나 나를 숙연케 한다. 더불어 내가 일순간이라도 시간을 세지 않고 그저 풍경의 맥동에 귀를 기울이도록 권면한다.

 경칩(驚蟄)날, 나는 달의 누각에 은신한 채로 네 쌍의 책을 펼쳐 나갔다. 짊어졌던 무게만큼 긴 길이의 글을 읽었다. 근처에 떨어져 있던 돌멩이 하나를 문진 삼아 기억에 남는 문장들도 되새겼다. 마침 오늘의 절기에는 가을에 주워 봄까지 간직한 은행나무 씨앗을 연인과 나누어 영원한 사랑을 고백한다는 풍습이 있다. 그것을 전혀 인지하지 못하고 서재에 더금더금 모아 뒀던 낟알과 자갈을 자연에게 돌려주었다. 나중에서야 깨닫고는 엷은 웃음이 지어졌고, 나로서 영원할 모양인가 그런 단상도 함께 떠올랐다. 그리고 왠지 알맞은 표현이라고 생각했다.

22

 나는 크림티를 꽤 좋아한다. 애프터눈티의 상차림에 비해서는 간소하나, 충분히 깊은 맛과 향을 갖추었다는 점에서 크게 매력을 느낀다. 크림티는 이름 그대로 크림과 차를 일컫는 것이며, 홍차, 스콘, 클로티드 크림, 과일잼으로 구성된 영국식의 가벼운 오후 식사라고 알려져 있다.

 내 의미 속에서 녹차는 여름, 홍차는 가을, 그리고 그 가을 가운데 우유를 타면 겨울이다. 반을 가른 스콘에 클로티드 크림을 듬뿍 얹어 그것을 한 입 베어 물면 눈 내린 낙엽을 부수고 있는 듯한 느낌이 든다. 스콘에 클로티드 크림을 먼저 바르는 건 데본식이고 잼을 먼저 바르는 건 콘월식인데, 이는 영국인들의 영원한 논쟁거리라고도 알려져 있다. 나는 나의 의미를 좇아야 하기에 자연스레 데본식 크림티를 즐기게 되었다.

영국에서 여행을 다닐 때는 반드시 오후 네 시경, 이 크림티를 곁들여 시간을 보낸다. 창가에 앉아 바깥의 나무들을 바라보는 본연한 산책, 더욱 농후해진 크림티의 맛과 멋, 낯선 나라, 모든 순간의 일탈 속에 우뚝이 자리하여 빈 그릇과 잔들을 늘려가는 기쁨이 있다.

23

　비는 바람을 품고 어딜 가나 여름을 따라다녔다. 나는 비를 여름의 그림자라고 지어 불렀다. 무더운 날을 짊어진 나무의 짙은 그늘처럼 비는 여름을 이고 있는 듯이 보였다.

　그러자 비는 내 곁에 달려들며 쏘아댔다.

　「그림자가 이리 날카로운가? 이렇게나 축축이 엉겨 있는가? 나는 무언가의 뒷모습이 아니라 유일한 존재다. 나는 나로서 여름을 관통한다.」

　그를 맞고 있던 잎이 나를 대신하여 답했다.

　「자신을 그리 망설임 없이 쪼개어도 어느 한 군데 모가 나지 않은 몸. 곳곳에 번져도 한없이 투명에 가까운 마음. 날씨인 당신을 계절에 가깝게 이름해주는 이에게 왜 못되게 구는가요? 왜 스스로를 낮추는가요? 빛의 이면이 그림자이

듯. 당신은 여름의 또 다른 이름입니다.」

 이에 비는 소리를 낮추고 가만히 듣더니, 나무를 통해 천천히 고개를 끄덕였다. 그리고 잔잔한 뒷걸음으로 물러났다.

24

기억 속 하얀 조가비 껍질은 베를린 장벽 기념관 근처 어느 삼층집 창가에 놓여져 있다. 예전에 며칠 동안 그 집에 머물렀을 때, 나는 깨진 패각들을 그대로 둔 것이 몹시 궁금하여 내게 방을 내주었던 독일인에게 다음과 같이 질문했었다.

"왜 이것을 붙이거나 버리지 않고 두시나요?"

그 독일인은 내게 이렇게 이야기했다.
"당신은 이곳에 오기 전에 베를린 장벽의 역사를 기억하는 곳에 들렀을 겁니다. 그렇지요?"

나는 대답했다.
"네. 유독 독일 사람들이 많아서 놀라웠어요. 이 사람들은 자신들의 잘못을 기억하며 사는구나 생각했어요."

독일인은 고개를 끄덕이며 내게 문신 같은 한 마

디를 던져 주었다.

"바로 그거예요. 우리가 깨뜨린 것을 기억하기 위해서죠. 지난날의 잘못도 오늘날 우리에게 주어진 유산입니다. 이 조개껍질들도 내가 깨뜨린 걸 기억하기 위해 깨어진 채로 두는 거예요."

얼마 전 내가 갖고 있던 소라고둥의 한 귀를 깨뜨렸다. 나는 내가 실수한 것들을 한참 동안 바라보다 그릇에 따로 모아 담은 뒤, 작업대 근처에 놓아두었다. 나 역시 이 기억을 토대로 내 삶의 준칙을 지키되, 비교적 정결한 마음으로 내 일상을 산책하기 위해서. 바로 기억 속 그날 독일인의 명민했던 눈빛처럼 말이다.

25

 언젠가부터 새벽 첫 차를 타는 습관이 생겼다. 원체 서슬이 푸른 새벽을 좋아해서 힘에 부치지 않는다. 입구에 들어서자마자 오른편 첫 번째 좌석에 미끄러져 내리듯 앉은 뒤, 버스 안을 찬찬히 둘러본다. 연한 갈색의 좌석들이 줄 지어 있고, 그 사이사이를 가로지르는 아이보리색 커튼 뒤로 승객들이 자리해 있다. 그들의 표정은 거의 가려져 있지만, 아침을 앞둔 저마다의 눈동자에는 주황빛 조명이 일렁이고 있다. 나는 자세를 바르게 고쳐 앉으며, 다리 아래 눌려 있던 두 개의 띠를 비스듬히 잡아당긴다. '달칵'하는 마찰음과 더불어 버스의 시동이 걸리고, 차창의 풍경도 점차 바뀌어 간다.

 스물한 명의 승객들을 태운 버스는 비안개가 겹겹으로 쌓여 있는 도로 위를 달리기 시작한다. 사방에는 기다란 차체가 쉼 없이 바람을 부수는 소리로 가득 찼다. 그만큼 버스는 빠르게 운행되고 있다.

길가의 나무들이 마치 갈대처럼 가느다랗게 흔들리는 듯 보여진다. 덩달아 지난날의 어둠도 한 꺼풀 한 꺼풀 벗겨져 간다.

비가 그치고 빛이 스며드는 모습을 바라보며 엷은 우수에 잠긴다. 창 너머 산과 나의 사이에는 지난 밤하늘의 응어리가 엉겨 있다. 나는 졸린 표정을 짓누르고 그것을 통과하려 힘을 준다. 그러나 풍경은 좀처럼 내게 초점을 건네지 않는다. 시선은 녹색에 있지만 정작 내 몸은 회색 위에 떠 있다. 답답한 마음에 발을 굴러 보지만, 둔탁한 마찰음은 내가 있는 곳을 한 번 더 일러줄 뿐이다.

안개로 휘저어진 낮의 과거, 이토록 무구한 새벽과 아침. 첫 차를 탈 때면 비록 내가 쳇바퀴를 돌고 있을지라도 나는 매번 다른 풍경 곁으로 굴러간다. 그 덕택에 나는 눈뜬 채 꿈꾼다. 나의 부산한 고독. 그러나 이것이 곧 명상이자 안식이요, 깊은 잠일지도 모른다.

26

 한 움큼도 안 되는 이 작은 풀꽃의 이름은 작고 평범한 민들레. 이 꽃은 꽃씨가 될 때마다 새의 깃처럼 생긴 신비로운 잎을 갖췄다. 온 힘을 다해 겨울을 버티고 봄에는 태양빛을 틔워 낸다. 그리고 나서는 아무 미련 없이 희어지고 흩날린다. 그 모습은 꼭 노을이 물들었다 안개가 이는 해중과도 같아 보이며, 나는 그런 날카로움 속에서 피어나는 부드러움을 동경한다.

 하짓날 전후로 주워 담았던 이 여름의 빛은 내가 앞으로 어떻게 노를 저어야 하는지 판단하기 위해서 집에 머무는 동안 알맞게 부풀어 있었다. 또한 어디서든 바람이 있음을 몸소 가르쳐 주었다. 내 숨결이 닿을 때마다 꽃씨는 자주 흔들거린다. 이 작은 움직임은 마치 격랑이 인 후 비로소 잔잔히 일렁이는 파도처럼 부드럽게 넘실댄다. 내 숨결로부터 멀어지면 꽃씨는 이내 가라앉는 파도와도 같이 조용히 자리한다. 나는 그 가볍고도 깊은 미동을 따라서 내 마음의 방향을 정한다. 그간 잠재되어 있던 꿈을 돛 삼아 내 인생의 바다 위를 나아가 보리라.

이제 꽃씨는 조용하다.

27

　이십여 년 전 헤르만 헤세의 글을 처음 읽었을 때, 다소 어렴풋했던 심금을 언젠가는 무구히 이해할 수 있으리라 생각했었다. 그리고 근래 들어 그 뜻을 펼칠 수 있게 되었다. 이제 나는 여름의 빗소리와 함께 듣고 있다. 카뮈의 돌풍을 타고 비로소 언덕을 다 오르면 헤세가 들려주는 잔잔한 바람의 노래를.

　그는 어떤 여름 풍경을 이렇게 수놓았다.

　"이러한 눈부신 열기에서 벗어나 저 녹음 짙은 나무 그늘 속으로 기어들어가는 것은 따가운 한낮에 시장 광장에서 빠져나와 어두운 원형 천정이 있는 서늘한 성당 안으로 들어서는 것과 다를 바 없다."*

　호흡이 길지만 금세 읽히는 이 문장을 나는 한

참 동안 들여다보았다. 반드시 무언가를 캐내야 하는 사람처럼 **녹음**이라는 단어를 기웃거렸다. 그리고 이 단어가 지닌 함의에 내 삶과 사랑을 비춰 보았다. 우거지는 여름의 빛이 다사롭게 느껴지는 건 어딘가에 녹음이 깃들어 있기 때문이다. 하물며 얼어붙었던 마음이 더 이상 겨울 같지 않을 때 우리는 그것을 녹았다고 이야기하고, 바깥이 아닌 곳에서도 산책하는 기분을 내기 위해 새소리나 물소리를 녹음하곤 한다. 나의 생활양식과 기록 습관이 함축된 이 단어를 나는 앞으로도 오랜 세월 동안 자주 발음하게 될 것 같다.

---

*
헤르만 헤세, 박환덕 옮김, 『인도 기행』, (범우사, 1982), 35쪽.

28

 공연히 이름 없는 한 해를 보냈듯 남은 한 달도 망각되기 위해 어떤 때는 벼랑 끝에 다다르고, 어떤 때는 바닥으로 내려선다. 그러다 뜻을 잊은 채 짐을 짊어진 내 모습이 무척이나 초라해 보였던 어느 날이었다. 하루만이라도 구도의 길을 걷고자 산상의 성당에 갔다. 그곳에서 수행자로서의 삶을 사는 분께 따뜻한 차를 대접받았다. 그렇게 난롯가에 앉아 꽤 오랜 담론을 나누었는데, 대부분 경청하는 이는 나였을 만큼 이롭고 유별한 시간을 보냈다. 부흥은 회개로부터 시작되는 것이며, 원대한 생은 고유한 일상을 품는 것에서부터 비롯되는 것임을 되뇌이며 특별한 성찰의 시간을 보냈다.

 생경한 체험으로부터 얻은 지혜와 정온의 열매는 여전히 탐스럽게 익어 있다. 겨울의 한가운데서도 시들지 않도록 알맞게 가꾸고 보살펴야겠다.

29

　사람의 삶이란 게 꼭 비스듬하게 꽂혀 있는 책들 같다. 빼곡하지 못해서 이리 기울어지고 저리 기울어져도, 끝끝내 지고한 뜻을 품고 있다.

　시는 리듬으로, 소설은 플롯으로 이어 가야 한다면 요즘 나는 시를 쓰듯 하루하루를 잇는다. 운을 띄우고, 행을 늘리고, 연을 빚는다. 배를 띄우고, 돛을 달고, 노를 젓듯이. 간결하고도 거침없다.

　그러던 어느 무렵에서부터 소설을 쓰기 시작했다. 끝끝내 무명으로 남더라도 나는 가운데 난 길을 걷고 싶다는 생각을 하게 되면서 새로운 먹을 갈았다. 나의 아름다운 —적어도 나만은 그렇게 여기는— 문장들이 더 이상 손 한 뼘만한 문단으로 끊기지 않고, 나의 기억을 빌려 탄생시킨 어떤 가상의 자아와 함께 미지의 숲에서 팔을 벌리고 다리도 뻗고 발을 구르며 끝없이 질주할 수 있도록 만들어주고 싶었다. 그렇게 길어진 산책을 만끽하고 나면 어느새 높이 등산할 수 있도록 다시 내게로 걸어와 내 마음의 문을 두드리라고. 더 긴, 더 높은, 그래서 더 깊은 소설을 쓰라 떠밀어 달라고.

30

 짙은 폐허를 전복시키는 희미한 빛, 단시간 양각되는 몽상, 완결을 이룬 균열, 돌연한 외침이면서 침묵, 엷은 심연, 밝은 어둠, 백흑의 명멸이요, 나의 원천이자 궁극인 눈.

 그날 새벽녘의 세상은 오직 흰빛에게로 차갑게 투신해 있었다. 눈(雪)은 여느 때처럼 무구한 표정을 지어 보이면서도 불투명한 기색이 역력했다. 나의 눈(目)은 속을 알 수 없는 이의 얼굴을 들여다보기를 좋아하므로 그 모습을 그저 골똘히 바라보았다. 창을 사이에 두고서 잠시간 우리는 침묵으로 병행했다. 밖에서는 방랑하는 바람이, 안에서는 목적지가 있는 사람들의 숨소리가 울려 퍼지고 있었다. 나와 눈은 말없이 웅크려 앉기를 좋아하는 데서, 스스로를 통제하기를 즐겨하는 데서 공통점이 있었다. 생의 출발점이 겨울에 근원하고 있다는 것도.

너는 아무것도 아니면서 동시에 모든 것이기도 하다. 생이란 그토록 유한하고 공허하니, 끝을 아는 자신만의 영원을 모색하고 구축할 것. 그런 일깨움을, 결의를 가져다주는 궁궐의 멈춰진 시간 속에서 나의 흰 겨울을 오연히 바라보았다.

경애하는 이 계절만의 짧은 낮, 검은 오솔길, 앙상한 나목, 돌연한 흰빛, 새들의 이동, 포유류의 안전한 동면. 그리고 농밀한 설경의 마티에르.

고요히 타들어가는 나의 겨울은 여전히 정적에 감싸여 있다. 마치 벽난로 속에서 검붉게 사위어 가는 장작을 들여다보듯, 나는 세상을 부드럽게 호령하는 회백색의 눈꽃을 바라본다. 그 침묵 속에서, 몽상의 불빛과 눈결을 탐미하며 나와 겨울의 영원을 도모한다.

31

 오직 사색을 산책 삼아 가만히 머무르는 그런 단조한 나날을 보내고 있다. 그렇기에 바깥을 약간 소요하는 것만으로도 설레는 마음이 든다.

 어떤 하루의 순간에서 나는 익숙한 카페 창가에 앉아 정오에 가까운 아침 햇빛, 그 빛깔의 미학을 관람하며 휴식하고 명상했다. 책장을 넘기며 느낄 수 있는 가벼운 바람결, 차 한 잔을 어루만질 때 스며드는 온기도 내게 전해져 왔다. 눈에 익은 풍경 속에 잠겨 있는데도 자못 새로운 심연으로 풍요해진 듯한 기분이 들었다. 그리고 아무도 들을 리 없는 나만의 방백을 마음속으로 중얼거렸다.

'나는 안쪽에 오래 머물러요. 그리고 책 속에서 산책을 하며 십여 초마다 다른 누군가가 되어요. 읽고 읽을수록 나는 주변을 향한 초점을 잃어가요. 불현듯 산중 어느 흑백의 만추를 미리 느껴 보기도 하고, 계단이나 다리 위, 지붕이 내려다 보이는 테라스에서 시간을 잊은 이처럼 글자의 심연에 침잠해 있어요. 몸을 오므린 채 턱을 괴기도, 다소곳이 서서 두 손을 모으기도 해요. 그리고 모든 것을 돌이키는 노인의 심정으로 가장 안전하고 고요하게 앉아 있다 보면, 나는 서서히 빠져나오게 됩니다.'

32

 6년 전, 혜원의 미인도 앞에 섰을 때를 기억한다. 나와는 무관한, 유구한 이 그림이 어떤 힘으로 나를 관통하고 있는지, 어떻게 이토록 내 슬픔을 벗겨 낼 수 있는지 그것이 늘 궁금했다. 그 궁금함으로 지금껏 기다렸다. 보화각이 다시 문을 열기를.

 고금을 넘나드는 여러 폭의 그림과 마주 서서 나의 온갖 무의미와 무기력을 단번에 뒤바꾸려 노력했다. 중간중간 새겨져 있던 글은 한 글자도 빠뜨리지 않고 받아 적었다. 하지만 그 모든 건 손바닥에 내려앉은 눈송이처럼, 차창 너머의 초원처럼 빠르게 잊혀져 갔다. 어떤 의미를 읽고 나면 곧잘 잊어야 했다. 그래야 걸음이 가벼워졌다.

 가벼워진 걸음을 토대로 하여 이층에 올라갔다. 한가로우면서도 엄숙한, 마치 들판에 홀로 서 있는 고목의 기개와도 같은 그런 장면이 눈앞에 펼쳐졌다. 나는 비워진 진열장들을 바라보며 실오라기 하나 걸치지 않은 사람들의 모습을 상상했다. 빛과 반영으로 서로를 껴안으며, 지난날 자신들의 몸속에 수놓았던 세계를 회고하는 것일까? 그렇게 의미하며 텅 빈 전시장 안에 나의 가벼운 걸음을 밀어넣었다. 그리고 나서 내 위주로 생각했다. 언젠가는 내 글의 그릇도 이들처럼 비워질 것이다. 그리 비워진 자리가 이곳처럼 긴 여운을 갖췄으면 좋겠다. 비우기 위하여 채워 가자. 비우는 시간조차 길도록 더 없이 채워 가자. 이따금 주저하며 돌아볼지라도 나아가자. 이렇게 단순한 문장들로 그 순간을 압운하다, 어느새 다시 무거워진 걸음을 천천히 떼었다.

그 궁금함은 여전하다. 또다시 이 궁금함으로 다음 보화각의 개문을 기다릴 것이다.

33

 새로운 집에서는 나무들의 꼭짓점을 내려다볼 수 있다. 심지어는 어루만질 수도 있다. 앉으나 서나 그들이 내 곁에 곧바로 있다. 나는 이전보다 더 가까이 자연에 와 있다.

 가느다란 잎가지가 바람에 나근거리는 풍경(風景)이 이리로 드리운다. 그 덕에 나는 눈으로 쉬이 바람을 본다. 곳곳의 창마다 나무가 풍경(風磬)처럼 청연히 흔들거린다. 그리고 여기 내 귓가에 다가와 무언가를 속삭인다. 나는 이 푸른 속삭임을 정확히 알아들을 수는 없었지만 고개를 약간 끄덕여 본다.

34

 자욱한 안개는 거각의 높이를 깎고, 바람은 약간의 물결을 갖추었던 어느 여름날. 비를 인 구름이 자신의 먹빛을 흰 하늘에 힘껏 쏟아 내더니, 이윽고 투명해졌다. 그는 각오했던 만큼 젖어 가면서 사라진 태양을 남김없이 사랑했다. 그 긴긴밤까지 홀로 떠 있던, 그토록 용감했던 존재는 그렇게 모든 눈물을 터뜨렸고 더 이상 울지 않았다. 마지막 절망은 동시에 비장한 최초였다.

 줄기찬 빗속을 거닐면 몸은 물 먹은 솜처럼 축 늘어지지만, 마음만큼은 물 위를 걷듯 호기롭고 경쾌하다. 비로소 그런 심신으로 재무장하여 일상의 양식을 깃든 기쁨이야말로 매우 가치가 있다.

 여름비를 이고 다니던 구름의 고통을 약간씩 잊어갈수록, 일상 속 도락을 되찾고 있다. 빗방울이 떨어지는 소리는 나무 열매가 굴러다니는 소리처럼 듣고, 고요의 안팎을 드나드는 비바람에게서 물녘에 핀 들풀 향기를 찾는다. 여전히 주어진 순간순간마다 의미를 두기도 하지만, 미련을 남기지는 않고 있다. 이는 나의 새로운 시도다.

35

 상강(霜降)을 품은 가을날, 나는 물거울의 모서리에 서서 산야의 반영을 굽어보았다. 그 속에서도 나무들은 웅혼한 기개를 갖추고 있었다. 그들은 바람을 통해 입을 벌렸고, 물면에 자신들의 잎들을 떨어뜨렸다. 그럴 때마다 호수는 동요했는지 점점 주름이 깊어 갔고, 분주히 파문을 낭독했다.

 나는 그 모든 움직임이 거대한 비늘처럼 느껴졌고, 삽시에 매료되었다. 머릿속은 온통 눈앞의 풍경으로 엉기어 있었다. 그러자 눈꺼풀이 단번에 어둠으로 내리덮으며 낮의 뒷모습을 일러주었다. 나는 간만의 무위를 지속할 수 없어 못내 아쉬웠지만, 애써 발걸음을 돌렸다.

36

 붉은 꽃들이 그려진 벽지, 한지를 대신한 유리창, 카펫과 의자, 커튼과 샹들리에. 게다가 라디에이터가 놓였던 흔적도 있다. 근대에 들어 화재로 소실되는 바람에 재건 과정에서 서구의 건축 양식이 도입된 공간. 내게 창덕궁 희정당이란 그렇게 뜻하는 곳이었다. 최초의 풍경은 더 이상 존재하지 않고, 온전히 고국도 이국도 아니면서, 중세적이지도 근대적이지도 못한 경계의 건물.

 어느 시대에서는 웅대했고 어느 시대에서는 빈약했던 이 침묵의 세계에 봄마다 걸음하고 있다. 매해 다른 날씨와 빛을 이유 삼아 이곳에 오곤 한다. 왜 그런고 하면 마지막에 이르렀을 때, 해강 김규진 선생의 산수 벽화들,《총석정절경도》와《금강산만물초승경도》를 볼 수 있어서다. 심지어 모사도일뿐인데도 말이다.

이미 눈에 익은 두 점의 그림으로부터 나는 침정(沈靜)을 배운다. '진실로 한가롭다면 구태여 산림이나 강호를 찾겠는가?' 머릿속에 이름 모르는 선인의 가르침도 사뭇 떠오른다. 그 아름다운 배경을 대면하고, 다시 긴 복도를 지나오면 내가 서투른 마음으로 금 그었던 경계를 잊게 된다. 구원이 없던 시간, 또한 말없이 과거와 과거를 망각하고 명상했던 초월 앞에서 자연히 무릎을 꿇게 되는 것이다.

37

 미색 아트지에 찍힌 단정하고 커다란 활자들, 유난히 깊은 침묵에 잠겨 있는 사진들이 시원한 여백 속에 적절히 배열된 품위 있는 책.*

 역자의 말에 따르면 알베르 카뮈의 『태양의 후예』는 그런 책이다. 나에게도 이 책은 그러하다. 여전히 그의 글은 섬세하고 고결하지만 나는 어렵지 않게 그 속에 잠길 수 있고 숨을 돌릴 수 있다. 붉은색 여름을 가르면 마치 흑백 겨울이 펼쳐진 듯 정갈하고 다소곳하다. 서른 장의 사진은 바람이 자주 드나들 만한 창이 되고, 몇 마디 안 되는 문장은 그 흐름을 보여주는 잎이다. 바스락거리는 소리를 내며 책장을 넘길 때마다 나는 카뮈가 걷던 거리로, 물가로 자연스레 인도된다. 가히 무아경(無我境)과도 같다. 독서 시간에 줄곧 내가 바라던 것.

*
알베르 카뮈, 앙리에트 그렝다 사진, 김화영 옮김, 『태양의 후예』, (책세상, 1993), 3쪽.

38

나는 도시의 얼굴을 하고서 시골의 표정을 지을 줄 아는 장소를 좋아한다. 그런 곳에서 나고 자랐기 때문일까. 아마도 내가 다니고 머무는 대로 점을 찍고 선을 잇는다면 그것의 형태는 전주(全州)의 모양을 띨지도 모른다. 곳곳에 산맥의 지류가 뻗어 있고 곧은 강줄기가 흐르는 전경, 가지런한 아스팔트 도로를 지나 낡은 나무 복도를 거닐고 나면 고목 곁에 자리한 정자에 몸을 누일 수 있는 그런 오묘한 안식까지도 함께.

유월의 끝, 자못 오랜만에 성북동에 가서 짧은 시간 동안 좁은 골목을 누볐다. 좋아하는 산방에서는 상허의 『무서록』을 알맞게 읽었고, 좋아하는 화백들의 그림이 잔뜩 있는 미술관에서는 막이 내릴 때까지 머물러 있었다.

성북동에 가노라면 나의 예향을 누비고 있는 것

만 같다. 조그만 거리, 듬성듬성 심어져 있는 노거수들, 낮은 건물들과 뭉툭한 그늘, 작은 미술관과 소박한 생김새의 들풀 무리, 그리고 천천히 거니는 사람들마저도.

39

 몰입되는 작품 앞에서 나는 다음의 모습과 같다. 다소곳이 선다. 분란했던 마음을 내려놓는다. 때때로 웅크려 있기도 한다. 시간이 어떻게 흐르는지도 모르는 사람처럼 시종일관 그 자리에 머물러 있다.

 계속해서 내가 박물관이나 미술관을 다니는 이유는 꼿꼿한 몸가짐을 하고, 이로운 마음을 갖기 위해서다. 누군가와 함께 하는 것도 좋지만, 대부분은 홀로 있다. 아무에게도 나의 내밀한 표정을 들키고 싶지 않아서다. 달빛 아래서도 숨어 지내는 들고양이처럼 잔뜩 커져 있는 눈동자, 부풀어오른 콧등, 파도 같은 입꼬리 같은 그런.

40

때는 소한(小寒)날. 나는 시골 어느 수수한 들길에서도, 작은 섬이 보이는 연안에서도, 새들과 동행했다. 아마도 한 번 본 새를 다시 만난 적은 없었을 것이다. 그것이 내가 그들을 무구한 즐거움으로 좇는 이유니까.

때로는 아무 미련 없이 걷기만 했고, 때로는 저물어 가는 하루의 옆모습을 바라보았다. 왼쪽 손목을 들어 시각을 읽지 않아도 그저 고개를 뒤로 젖혀 시선을 하늘로 향하면 나는 시계를 보고 있는 것과 다름없었다. 초침처럼 움직이는 날개들이 저녁놀 바깥으로 빠져나가며 이렇게 시간이 흐르고 있노라 가르쳐 주었으므로. 그렇게 그날의 낮도 사라져 갔다. 바람과 함께 안개와 함께 흔들대고 깜박이며.

41

　헤르만 헤세의 『방랑』*에는 "초록빛에 에워싸인 빨간 집"이 등장한다. 나는 그 글과 더불어 그가 그린 《빨간 집》 그림들도 좋아한다. 푸른 나무들만큼 붉은 지붕들을 자주 그려 넣었던 그의 심정에 이입해 가며 한가로운 어느 낮, 줄곧 미뤄왔던 전시를 보았다.

　한 작가의 세계를 체험하는 것만도 심연에 임하는 일이기에 작품 한 점 한 점마다 긴 시간이 걸렸다. 산길을 거닐 때도 골목을 돌 때도 나는 마음속에 헤세와 원계홍, 두 작가의 빨간 집들을 잇대어 지었다. 오래 몽상했고, 오래 머물러 있었다. 그래서였을까, 그날에는 그 어떤 푸른색보다도 뚜렷하고 아늑한 장밋빛이 뇌리에 깊이 새겨져 있었다. 익숙하지 않은 빛깔을 띠었던 하루, 그것은 내게 막연한 무위와 환기를 가져다주었다.

* 헤르만 헤세, 홍경호 옮김, 『방랑』, (범우사, 1976), 67쪽

42

 흰 표면 위, 검은색 존재의 직립. 단 한순간의 발자국조차 그의 것은 영원처럼 고결하다. 이 은밀한 생의 주인은 검은 고양이. 겨울의 길목마다 정갈히 자기만의 겨울을 내려뜨린다. 그는 겨울의 숲속을 자유로이 유영하는 듯하면서도, 일정한 곳에서 조용히 자신의 영역을 세우고 있다. 그의 검은 털은 신비로운 고요를 자아낸다. 그리고 그 속에 가볍게 엉겨 있는 나는 다름 아닌 낙엽이다. 매 순간마다 그의 움직임으로 조용히 나아가며 한 자국 한 자국마다 나직하게 내려앉은 겨울의 모든 이야기를 듣고 있다. 나는 땅으로 돌아가기 위해, 그가 구르기만을 그저 숨 죽여 기다릴 뿐이다.

 그러던 어느 날, 고양이가 눈밭에서 몸을 굴렸다. 그의 검은 솜털이 하얀 눈꽃과 경쟁을 벌였고, 이에 나는 그와 함께 새하얗게 휘몰아쳤다. 얼마 뒤 그는 몸을 일으켜 다른 방향으로 걸음을 내디뎠고,

나는 그에게서 온전히 떨어져 나와 땅으로 돌아왔다.

그러나 이내 나는 고양이의 등 위에 있을 때보다 땅 위에 가만히 있는 것이 따분하다는 것을 깨닫고 만다. 이 차디찬 정적 속에서 지루함을 느끼기에, 제아무리 봄으로 바뀌어 갈 겨울을 인지하여도 이 시간이 너무나도 길게만 여겨지는 것이다. 그저 바람에 실려 이 자리를 떠나기만을 바라며, 새로운 상황에 대한 소망을 품고 있다.

43

 여기 이제 막 겨울을 드리운 나뭇가지가 있다. 그는 점점 자신이 수척해져 감을 느낀다. 뿌리에게 모든 걸 내어줬기 때문이다. 잎들을 모두 떨어뜨리는 건 암묵하겠다는 의지이기도 하다. 봄을 틔울 힘을 기르기 위해서다. 이제 바람이, 새들이 그의 다문 입을 대신할 것이다.

 잎을 잃은 나목에게 다가서서 다를 것 없는 내 마음을 속삭였다. 그러자 그는 바람으로 고개를 저으며 구름과 노을과 새들의 휴식, 그리고 이따금씩 내리는 눈이 자신의 또 다른 잎이라고 일러주었다.

토끼 이야기

'따분한 봄이군.'

지엽은 그렇게 생각했다. 그는 봄날의 신록이 마음에 들지 않았다. 정적만이 감돌던 지난 계절이 그리워질 뿐이었다.

"어제는 하루종일 봄비가 내리더니 오늘은 날씨가 왜 이렇게 맑은 거야?"

지엽은 눈을 감아도 낯이 배어드는 억지스러운 어둠이 싫었다. 그는 습관처럼 볼멘소리로 투덜댔다. 날이 밝으면 이상하게 어지럽고 기분이 나빴다. 일종의 외로움을 느끼는 것도 같았다. 지엽에게 스물이라는 나이는 푸르지도 즐겁지도 않았다. 수능을 망치고 재수할 용기는 나지 않아서 아무 학교나 골라 입학한 그였다. 시골 한가운데 우뚝 서 있는 지엽의 대학교. 매일 같이 지엽은 꼭 작은 섬에 갇혀 있는 듯한 자신의 처지를 비관했다. 수업에도 제때 나가지 않았고 그런 그를 나무라는 부모님의 잔소리도 듣기 싫었다. 사실은 무엇보다도 무의미한 날들을 보내고 있는 자신이 원망스럽기만 했다. 그는 길게 한숨을 토해 냈다. 그러자 해묵은 나뭇가지들 사이로 봄바람이 몸을 움직였다. 알량한 인간의 마음 따위는 아랑곳하지 않겠다는 듯이.

 지엽은 걸음을 재촉하여 자취방 근처 공원의 작은 풀숲 근처로 몸을 돌렸다. 모처럼 마신 낮술 넉 잔에 금세 취해 버려서 영 속이 거북했다. 어디든 걸어야 편히 잠을 잘 수 있겠다 싶었다. 어느새 잎들은 서로의 그림자와 결투를 벌이며 사방에 어둠을 지피고 있었다. 지엽은 조금씩 비틀거리며 길을 걸었다. 곳곳에 빗물이 고여 있었다. 남아 있던 낮이 완전히 물러서자 빛이 가라앉고 웅덩이는 검어졌다. 그가 걸음을 옮길수록 저녁이 드러나고 있었다. 이제서야 세상이 검고 평온해졌다고 지엽은 생각했다.

 그때 수풀 속에서 무언가 튀어나왔다. 토끼였다. 어느 무책임한 사람이 버리고 간 토끼가 이곳에 자주 출몰한다는 이야기를 들은 적이 있는 지엽은 제대로 고개를 돌려 그 토끼를 관찰했다. 흰 털에, 눈가에는 검은 얼룩무늬가 있는 애완용 토끼였다. 몸이 크게 불어난 모습을 보아하니 제법 야생에 적응을 한 모양이었다. 어두워서 그것의 눈빛이 자세히 보이진 않았지만 지엽은 토끼가 자신을 가만히 지켜보고 있음을 느꼈다. 그리고 그 느낌이 그에게 이상하리만큼 안식을 가져다주었다.

다음 날, 지엽은 집으로 오는 길에 토끼 한 마리를 샀다. 어제 마주쳤던 토끼와 같은 흰 털에, 눈가에는 검은 얼룩무늬가 있지만 꼬리는 더 짧고 몸집도 더 작았다. 그는 토끼의 이름을 무엇으로 지을까 고민했지만, 떠오르는 족족 마땅치 않아 그만두었다.

한 손에 들어오는 둥그런 토끼의 몸에는 자르르르한 윤기가 흘렀다. 지엽이 주는 사료를 먹으려고 입을 벌릴 때마다 희끔하게 보이는 두 앞니도 가지런했다. 콧등은 옅은 숨소리를 내며 붉게 삐끔거렸고, 수 갈래로 뻗어난 흰 수염은 입을 씰룩거릴 때마다 덩달아 움직였다. 그는 토끼를 바라보노라면 투정이 줄었다. 지엽은 그런 자신의 모습에 흡족한 미소를 띠었다.

아직 이름이 없는 토끼는 날이 갈수록 존재감을 과시했다. 지엽의 방을 여기저기 뛰어다니며 솟아

오르는 활동력을 주체하지 못했다. 호기심도 많아서 지엽을 따라다니다 그에게 밟힐 뻔한 적도 더러 있었다. 몇 번씩이나 토끼를 밟을 뻔하자, 지엽은 인터넷에 글을 올려 토끼의 예측할 수 없는 분방함을 토로했다. 이에 사람들은 케이지를 사지도 않고 비좁은 한 칸짜리 방에 토끼를 키우기로 한 그의 치기 어린 행동을 탓했다. 지엽은 자신의 마음을 알리 없는 익명의 사람들이 괘씸했다. 그리고 몸을 돌려 쌔근대는 토끼의 숨결을 지켜보았다. 그는 애써 웃음을 짓고 잠을 청했다.

예보에 없던 봄비가 창가를 세차게 두드리자 지엽은 잠에서 깼다. 졸음을 물리치려 몸을 옆으로 틀자 불쾌한 냄새가 느껴지는 동시에 무언가를 갉는 소리가 들렸다. 곧바로 그는 토끼에게 눈길을 향했다. 어젯밤 읽다 만 책장 사이에 토끼가 묽은 변을 눈 뒤, 책의 모서리에 이빨을 갈고 있었다. 지엽은 토끼로부터 책을 뺏어 들고는 재빨리 수습을 해 봤지만, 소용이 없었다. 하필 알베르 카뮈의 「단두대에 대한 성찰」이라는 글이었다. 그중에서도 그가 가장 좋아하는 구절에 지저분한 얼룩과 악취가 남게 된 것이었다.

'그러나 사면의 순간까지…, 그들이 끊임없이 겪는 불행과, 무고한데도 부당하게 처벌의 비보를 받게 되는 사람들의 마지막 절망을 상상하는 것이 가능한 한도 내에서 그런 행복한 장면의 상상이 가득할 것이다.'

"이게 뭐야. 외워 두지 않았으면 알아볼 수도 없었겠네."

지엽은 문제의 48페이지를 찢어 휴지통에 버렸다. 그리고 케이지를 주문했다.

여태껏 이름이 없는 토끼는 제법 몸뚱이가 커졌다. 어느덧 토끼와 지엽은 함께 여름을 맞았다. 케이지가 생긴 후로 토끼는 더 이상 지엽의 방을 여기저기 활보할 수 없었다. 이따금씩 지엽이 토끼의 신세를 가엾게 여기며 케이지의 문을 열어 놓기도 했지만, 찰나에 불과했다. 어느새 그는 걸핏하면 토끼가 성가시게 군다고 생각하게 되었다. 그리고 이전보다 방 안에 구석구석 놓인 자신의 소품들을 정성스럽게 관리했다. 사료를 채우고, 건초를 갈고, 배설물을 치우고, 건강을 살필 필요 없이 먼지만 쓸어 주면 그만이니 번거롭지 않았다. 그러나 지엽은 여전히 토끼를 바라봐야 안식을 느꼈고 외로움을 잊었다. 그것은 이상하게도 변함이 없었다. 그저 약간의 염증을 느낄 뿐이었다. 그는 자신의 모습이 모순적이고 괴팍하다고 여겼다. 그렇게 생각하고 있는데, 케이지에서 발을 구르던 토끼가 그의 몸을 향하여 뛰어올랐다.

초여름의 빛이 그늘을 수차례 밀어내며 지엽의 뒷모습에 자신을 쬐였다. 그러나 그는 번번이 용납하며 도량이 있는 사람처럼 굴었다. 집에는 이름 없는 토끼가 살고 있었고, 날이 더워져도 지엽은 매일 같이 홀로 산책을 즐겼다. 토끼의 냄새로 가득한 방을 등질 때마다 그의 발걸음은 더욱 가벼워지기만 했다. 토끼가 케이지를 뛰어넘어 지엽에게 돌진한 뒤로 두꺼운 지붕을 달았다. 그는 토끼를 얌전히 길들이기 위해 최선을 다했다. 그러나 토끼는 번번이 머리를 찧었고, 철창에 몸을 부딪혀 고꾸라지곤 했다. 그럴 때마다 지엽은 약간의 죄의식을 느꼈다. 하지만 마음먹은 바를 바꿀 수는 없었다. 결국 그는 자리를 피해 자주 외출했다. 이제 지엽은 외로움은 커녕 노여움에 휩싸이고 있었다. 그의 단조롭지만 고요했던 일상이 토끼로 인해 위협받고 있다고 확신했다.

그러던 어느 밤, 지엽은 옅은 취기에 비슬대며 풀숲을 누볐다. 곳곳에서 이름 모를 풀벌레들이 무질서하게 울어댔다. 그 울음소리는 지엽의 머릿속에서 그의 이름 없는 토끼가 머리를 찧고 몸을 부딪히는 소리로 겹쳐져 들렸다. 이에 그는 잠시 죄책감에 시달렸지만, 바로 그것을 꺼뜨렸다.

그때 수풀 속에서 낯익은 존재가 몸을 내밀었다. 예전에 만났던 그 토끼였다. 그의 토끼와 같은 흰 털에, 눈가에는 검은 얼룩무늬가 있지만 꼬리는 더 길고 몸집도 더 컸다. 이번에는 전과 달리 토끼의 눈빛이 자세히 드러났고, 지엽은 그것을 확인할 수 있었다. 토끼는 그를 매섭게 겨누어 보고 있었다. 지엽은 순간 식은땀이 났고 가슴이 조여드는 듯했지만, 거친 발소리를 내며 어설픈 기합을 넣었다. 그리고 그가 두 눈을 질끈 감았다 뜨자, 이미 토끼는 도망가고 없었다.

지엽이 집에 돌아와 방문을 여니, 익숙한 냄새가

코를 찔렀다. 그러나 방 안은 뒤척이는 소리조차 없이 조용했다. 지엽은 잠깐 토끼를 걱정하다 살펴보지도 않고 잽싸게 자리에 누웠다. 그저 오랜만에 편히 잘 수 있겠다고 생각했다. 커튼을 젖히고 아침이 새벽을 벗겨 내며 파랑에서 노랑으로 번져 가는 모습을 구경했다. 여유로웠다. 그러나 여름빛이 짙게 풍겨 오기 전에 잠에 들어야 했다. 그는 두 다리를 뻗으며 억지로 하품을 했다. 자연스럽게 숨을 깊이 들이마시자 아마도 색깔을 가졌다면 검었을 여취가 지엽을 자극했다. 그는 애써 부른 졸음이 물러가는 것을 선명히 느꼈고, 화가 났다.

"그래. 이렇게 된 건 전부 내 탓이야. 이 학교에 온 것도, 이 방에 살게 된 것도, 굳이 토끼를 키워서 토끼를 못살게 군 것도, 내가 못된 사람이 된 것도."

지엽은 케이지의 지붕을 걷어 낸 다음, 새 건초와 사료를 챙겼다. 그리고 토끼를 씻길 준비를 하기 위해 기색이 없는 그의 반려 동물을 살폈다. 지엽은 고개를 갸우뚱하다 한껏 웅크려 있는 토끼를 찬찬히 쓰다듬더니, 이내 표정이 얼어붙었다. 손가락이 가늘게 떨렸고 입에서는 탄식이 절로 흘러나왔다.

간밤에 토끼는 죽어 버린 것이다.

풀숲의 한 모퉁이에 있는 나무 밑에 토끼를 묻고 온 뒤에 지엽은 집 안 구석구석을 청소했다. 그가 아끼는 소품들도 다르게 배치해가며, 토끼와 관련된 모든 걸 버리고 흔적을 지우는 데 열중했다. 종종 억장이 무너지는 것도 같았지만, 새삼스럽다고 그는 생각했다. 그리고 떠나는 날까지 이름이 없었던 토끼를 애도해 달라고 인터넷에 사진과 글을 남겼다. 예상했던 대로 사람들은 지엽을 꾸짖고 비난했다. 알 리 만무할 그의 인생마저 깎아내리고 조롱했다. 지엽은 묵묵히 받아들였다. 오히려 마음이 편했다. 그는 몸을 내던지듯 침대 위에 널부러졌다. 그리고 고개를 명중시키지 못한 베개에 천천히 얼굴을 파묻었다. 그러자 희미하게 남아 있는, 그에게 익숙한 냄새가 그의 콧속으로 스며드는 것이었다. 지엽은 어깨를 들썩이며 오열했다.

이튿날 지엽은 퉁퉁 부은 눈을 간신히 떴다. 완벽한 여름이 창 너머를 파고들어, 방 안이 유독 눈이 부실 만큼 하다. 그는 가라앉아 있던 몸을 일으

켜 거울을 마주했고, 눈물과 먼지로 얼룩진 자신의 모습이 흉하다 생각했다. 그리고 눈동자가 너무 까맣다고도 생각했다. 토끼의 눈가에 있던 검은 얼룩무늬가 자연스레 겹쳐져 보였다. 그는 모든 것을 돌이켰다.

낙조로 물든 여름밤이 깊어져 갔다. 지엽은 밖으로 나와 토끼를 묻었던 나무의 한 가지에 긴 줄을 단단히 매었다. 그리고 간격을 두고 매듭진 고리에 자신의 목을 걸었다. 지엽은 여지없이 죽기 위해서 끊임없이 모든 것을 돌이켰다. 정신이 아득해져 갔지만 가까스로 부여잡고 자신이 죽어가고 있음을 되새겼다. 이윽고 비탈진 언덕을 달리듯 숨이 찼다.

가늠했던 것보다 죽음에 이르는 것은 어려운 일이었다. 지엽은 돌연 의문을 품었다.

'그런데 내가 왜 죽기로 한 거지?'

게으른 자각이 온몸을 일깨우자, 그는 급히 몸을 버둥질하기 시작했다. 이에 줄의 섬세한 굴곡에 짓이겨지던 나뭇가지가 끊어졌다. 그는 추락했다.

지엽이 눈을 뜨자 그의 몸은 작은 풀숲 위에 있었다. 잎들은 서로의 그림자와 결투를 벌이며 사방에 어둠을 지피고 있었다. 남아 있던 낯이 완전히 물러서자 빛이 가라앉고 웅덩이는 검었다. 그의 옷은 흙탕물이 묻어서 얼룩덜룩했다. 셔츠의 단추는 뜯겨져 있었다. 고작 낮술 넉 잔과 약간의 산보에 고꾸라져 의식을 잃었던 모양이었다. 지엽은 늘어지게 한숨을 내어 뱉었다. 그때 수풀이 움직이며 무언가 멀어져 갔다. 그는 그것이 무엇인지 헤아렸지만, 도무지 생각이 나지 않았다.

겨울 山行

나는 진정한 겨울의 영토에서 스스로 숨을 거둘 것이다. 당신이 이 글을 읽고 있다면 그것은 깊은 산중, 겨울과 함께 식어버린 내 몸을 살펴 주었기 때문이다. 감사하다. 나의 글이 읽혀지고 있는 때가 부디 봄이길 바란다. 죽어서도 충분히 겨울을 누리고 싶으니. 몇십 킬로미터 떨어져 있는 내 집 안 서재에 보다 깊은 글을 남기고 왔으나, 나는 누구하고도 연고가 없기에 아무에게도 그것의 존재를 알리지 못했다. 뒷면에 주소를 적어 두었으니 그곳에 찾아가, 수습되는 시신과 함께 그것을 태워주길 바란다. 처음 보는, 게다가 죽은 이의 느닷없는 부탁을 들어준다는 것이 얼마나 꺼림칙하고 어려운 일인지 잘 알고 있다. 그러나 부탁한다. 글이 있는 곳에 에메랄드가 박혀 있는 금반지를 함께 두었다. 내 어머니의 유품으로, 나의 전부다. 그리고 이제는 당신을 위한 것이다.

이렇게 글을 맺은 뒤, 앞면에 〈유서〉라고 적었다. 서른을 넘기고 여태까지의 삶을 반추하며 앞으로를 차분히 그려 보았지만 나의 은근했던 계획을 실행에 옮기고 싶어질 뿐이었다. 나는 언젠가 반드시 아무도 없는 겨울의 한가운데서 죽어야겠다는 뜻을 겹겹이 가다듬곤 했다. 오랫동안 그 뜻은 한결같았다. 누구나 살아가면서 목표 삼아 마음속에 지니는 단상이 있다면 나의 것은 나직한 겨울에서의 죽음이었다. 소설(小雪)에 다다를수록 나는 세상이 순백의 눈으로 뒤덮이길 기도했다.

1월을 앞두고 소원했던 풍경이 펼쳐졌다. 흰눈이 온 세상을 내리덮은 것이다. 때가 왔음을 느꼈다. 나는 유서를 가슴에 품고 생각해뒀던 겨울산으로 향했다.

아침을 앞두고 눈안개 속에 잠겨 있는 새벽 속을 달렸다. 가도 가도 자욱한 안갯길이 펼쳐졌다. 나는 결의를 되읊으며 양손에 힘을 주었다. 굽이가 많은 눈길 위를 운전하다 보니 손바닥에는 땀방울이 맺혔다. 때 아닌 여름이 내 속으로 밀려 들어왔다. 그때 차가 덜커덩하는 소리를 내며 내 몸을 흔들었다. 나는 다시 엷은 우수에 잠겼다. 이 끝에 다다른 순간 겨울을 껴안고 안식에 들 나의 미래이자 최후를 헤아렸다.

얼마 지나지 않아 목적지에 도착했다. 주차를 하고 나니 비로소 죽음으로의 첫 발을 뗀 듯했다. 산의 회색빛 테두리에 서서 빙벽을 품은 맞은편 설산을 내다보았다. 내가 올라탈 곳이었고, 진정한 겨울의 영토였다. 새하얀 눈이 가득 올라앉은 산봉우리를 보니 왠지 콧등이 시큰해 왔다. 나는 마른 숨을 들이마셨다.

눈 내린 산은 무척 가팔랐다. 깊은 산속까지 왔지만 너른 설원에 닿으려면 더 많은 경사를 넘어야만 했다. 숨을 끊기 위한 여정이었음에도 정작 숨이 가빠 오자 나는 잠시 걸음을 멈췄다. 근처 바위에 몸을 기댄 뒤, 품 속에 있던 유서를 꺼내어 낭독했다.

눈바람이 몸을 저미며 와도 나는 굴복할 수 없었다. 냉기를 부수어야 앞으로 나아갈 수 있었다. 계획대로 적절한 곳에서 죽어야 했다. 가는 길마다 눈보라가 몰아쳤고, 나무들이 간밤에 쌓인 흰 껍질을 털어 내며 웅웅대는 소리를 냈다. 갑작스럽게 변주되는 풍경은 나를 낯선 불안으로 몰아넣었다. 그러나 도망칠 수 없었다. 이미 산의 중턱에 와 있었다. 나는 잽싸게 주변을 살피고 호흡을 고르며 흰눈에 엉겨 있는 걸음을 이어 갔다.

어느새 낯이 두터워지고 있었다. 한 모퉁이에 별

이 들자 흰 겨울은 묽어져 갔고, 그럴수록 내 안에서는 약간의 권태감이 서렸다. 그러나 나는 무엇을 해야 하는지 잘 알고 있었다. 보폭을 좁혀 계속 걸었다. 이윽고 마지막 굽이로 짐작되는 곳에 이르자, 평지에서 불어올 만한 산들바람이 근처의 잎새를 너울지게 했다.

별안간 펼쳐진 설원을 바라보며 잠시 동안 나는 침묵했다. 그런 다음 한 걸음 한 걸음 그 안으로 걸어 들어갔다. 매서운 바람이 겹겹의 옷을 뚫고 스며들었다. 모든 추위가 나를 에워쌀수록 나는 점점 온기를 잃어 갔다. 이에 나는 묵묵히 각오하며, 때에 이르렀음을 절감했다.

빼죽하게 튀어나온 어느 들풀 옆에 짐을 내려놓은 뒤, 파스칼 키냐르의 『로마의 테라스』속 한 구절을 읊기 시작했다.

"공백을 나타나게 하려면 표면의 우툴두툴함을 으스러뜨려야 한다. 풍경이 형상에 앞서 존재한다."

그리고 지금 이 순간 내 감상을 덧붙였다.

"이제 나는 나에 앞서 존재하는 풍경 속에 피묻혀 소멸하는 형상으로서 숨을 거두리라."

나는 그대로 눈밭에 푹 잠겼다. 참으로 숭고한 결말이었다.

머릿속에서는 초침 소리가 굉음처럼 울려 퍼졌다. 내가 숨을 뱉을 때마다 겨울의 미립이 속속들이 스며들어 극심한 한기를 느꼈다. 잠시 동안 푸르게 오므라들면서도 이내 붉게 타오르는 듯한 고통이 내 몸 구석구석 전해졌다. 나는 점점 몸을 덜덜 떨기 시작했다. 상상했던 것과는 크게 달랐다. 죽는 생각만 했고 죽는 꿈도 수없이 꾸었던 나였다. 몇 번이고 이 고개를 넘으면 숨이 끊어질 것이라 여겼다. 그러나 연속되는 패배감을 느낄 뿐이었다. 죽는다는 건 산다는 것보다 어려운 모양이었다. 나는 죽고자 했던 의지와 삶에 가까워지는 의식 사이에서 그대로 처져 갔다. 몇 시간 전 손바닥에 맺혔던 여름의 모습이 아른거렸다. 그리고 천천히 두 팔을 벌려 땅을 짚고 일어섰다.

대피소는 삼백여 미터 떨어진 곳에 있었다. 어차피 죽었어도 금세 발견되었으리라. 애써 그렇게 생각했다. 직원의 안내에 따라 나는 벽난로 곁에서 언 몸을 녹인 후, 이층에 있는 방에 올라가 따뜻한 차를 마셨다. 서늘했던 입김도 온기를 회복해갔다. 안온했다. 나는 그득한 기분으로 천천히 일어서서 창가에 의자를 옮기고 커튼을 젖혔다. 바깥에는 설산의 원경이 너르게 펼쳐져 있었다.

"이곳도 진정한 겨울의 영토군."

나는 한 손에 턱을 괴고 백악을 물들이며 일렁이는 저녁놀을 내려다보았다. 온몸에서 낮이 나른하게 빠져나가자 아늑한 밤이 밀려왔다. 긴긴 겨울밤이 깊어져 갔다. 아무래도 여름에 죽어야겠다고 다짐했다. 나는 돌아서서 불을 끄고 침대로 향했다. 반듯하게 깔려 있는 침상에 노곤한 몸을 누이자 품속에서 낙엽이 바스락거리는 듯한 소리가 났다. 그것의 정체가 무엇인지 잘 알고 있었다. 나는 괜히 점잖은 척 헛기침을 했다. 방 안에는 나뿐이었지만.

박지현

Park Jeehyun

포말이 이는 급류를 지나 고요한 물 위에 몸을 펴고 이내 가라앉는 잎. 그런 풍경과 피안을 사모하고 소묘합니다.

박지현 독립작품 활동

▼ 독립출판

서른의 서론 (2019)

BYEOL BIT DEUL

별빛들은 기존의 방식과 형식으로부터 자유로우며 독립적으로 활동하는 문학 작가들과 협업, 그들의 작품을 대중들에게 소개하는 문학 출판사입니다.

별빛들은 독립적으로 문학활동하는 작가와의 협업을 통해 '문학'과 '출판'과의 관계를 유연하게 만들고 엄격한 기준과 검열의 과정 없이도 탄생되고 있는 작가의 예술적 가치를 소개하여 문학의 다양화, 출판의 민주화를 유발하려 합니다. 나아가 다양한 영역에서 독립된 자아실현이 이루어지는 우리 사회를 응원합니다.

별빛들 작가선

01 이광호   숲 광장 사막

02 이학준   그 시절 나는 강물이었다

03 김고요   나의 외로움을 궁금해하지 않는 사람들에게

04 서현범   마음의 서술어

05 엄지용   나란한 얼굴

06 김경현   이런 말이 얼마나 위로가 될지는 모르겠지만

07 박혜숙   잔잔하게 흘러가는 동안에도

08 오수영   깨지기 쉬운 마음을 위해서

09 최유수   너는 불투명한 문

10 정다정   이름들

11 황수영   여름 빛 아래

12 최세운   혼자였던 저녁과 저녁의 이름

13 김은비   사랑 이후의 사랑

14 정선엽   해변의 모래알 같이

15 박지현   산책의 곁

산책의 곁

초판 1쇄 발행　　2024년 10월 18일

지은이　　　　　박지현
펴낸이　　　　　이광호
편집　　　　　　박지현, 이광호
디자인 · 그림　　이광호

펴낸곳　　　　　별빛들
출판등록　　　　2016년 8월 10일 제 2016-000022호
전자우편　　　　lgh120@naver.com
홈페이지　　　　www.byeolbitdeul.com

ISBN 979-11-89885-20-5

- 이 책의 판권은 지은이와의 계약으로 별빛들에 있습니다.
- 저작권법에 의해 보호를 받는 저작물이므로 무단 복제와 전재를 금합니다.
- 잘못 인쇄된 책은 구입처에서 바꾸어 드립니다.
- 책값은 뒤표지에 있습니다.